MARIPOSAS
SOBRE MI PIEL

ExLibric

NASTIA LÓPEZ LUCAS

MARIPOSAS
SOBRE MI PIEL

EXLIBRIC

ANTEQUERA 2025

MARIPOSAS SOBRE MI PIEL
© Nastia López Lucas
Diseño de portada: Dpto. de Diseño Gráfico Exlibric

Iª edición

© ExLibric, 2025.

Editado por: ExLibric
c/ Cueva de Viera, 2, Local 3
Centro Negocios CADI
29200 Antequera (Málaga)
Teléfono: 952 70 60 04
Fax: 952 84 55 03
Correo electrónico: exlibric@exlibric.com
Internet: www.exlibric.com

ISBN: 979-13-87944-49-0
Depósito Legal: MA 1404-2025

Impresión: PODiPrint
Impreso en Andalucía – España

Nota de la editorial: ExLibric pertenece a Innovación y Cualificación S. L.

NASTIA LÓPEZ LUCAS

MARIPOSAS
SOBRE MI PIEL

*A todas esas personas
que luchan por salir del infierno
que es el TCA.*

Prefacio

Trastorno de la Conducta Alimentaria, un concepto que conozco desde hace muchos años, pero que nunca pensé que alguien cercano a mí, o yo misma, pudiera vivirlo. Y, al contrario de lo que mucha gente piensa, no llega de un día para otro; el TCA llega sigilosamente, es una pequeña voz que te dice que todo está mal en ti y que, cambiando tu cuerpo, controlando lo que comes, aumentando el ejercicio físico, toda tu vida mejorará. No lo crees al principio, pero es tan insistente que decides darle una oportunidad, y es ahí cuando, sin saberlo, tu vida cambia por completo. Ya no te importa nada más que la comida, se convierte en tu obsesión y salir de ahí es toda una odisea.

Me diagnosticaron de anorexia nerviosa hace unos cuantos años, y una de las cosas que me ha ayudado a gestionar todo el malestar que llevaba encima y a salir de la enfermedad ha sido escribir. Con las palabras he purgado mi mente, cada verso, cada frase ha evitado una recaída, y la mina del lápiz que ha danzado sobre el papel ha sustituido las pastillas de rescate que necesitaba en ese momento.

Evidentemente, escribir no lo ha sido todo. La ayuda de familiares, amigos y terapeutas me ha salvado la vida; sus manos tendidas, abrazos en los que me refugiaba de la tormenta, palabras de esperanza... Ellos creyeron en mí, incluso cuando yo no veía un futuro en los meses venideros. Ellos han sido mis pilares, las mariposas que, dibujadas sobre mi piel, me alentaban a seguir adelante con sus alas de colores.

TOCAR FONDO

ARRASTRAR

Cambié una mirada por dos cuencas cansadas;
una sonrisa, por una mandíbula puntiaguda.
Perdí mucho por el camino,
y no estoy hablando del peso:
perdí amigos, un lugar maravilloso
y la vitalidad que tanto me caracterizaba.
La sustituí por unos pies pesados,
que llevaban lo poco que quedaba de mí,
arrastrando a cada paso
la poca vida que me quedaba
y que se iba quedando tras de sí.

LO QUE MI CUERPO PUEDE SOSTENER

Pasar hambre,
a eso ya está acostumbrado.
Frío,
y qué más da, si es solo una sensación.
Sangre y heridas,
bueno, es lo que toca.
El insomnio,
las voces no me dejan descansar,
aunque peores son las pesadillas.
Mareos,
ya son habituales.
Los ruidos de mis tripas,
melodía para mis oídos.
Una mirada de rechazo…
Eso no, me destroza más que todo lo anterior.

CASTIGOS

Sangrar a través de la piel me reconforta,
ver las heridas manchar la piel.
Y, es más, el dolor no me importa
cuando lo merezco
y el sufrimiento me sabe a miel.

SANGRE, SUDOR Y LÁGRIMAS

Gritar a través de los cortes
y ver cómo la cuchilla mancha el suelo de sangre.
Parece que el dolor calma la mente,
aunque solo la adormece.

Sudores fríos,
temblores crepitantes.
Las sábanas mojadas
y por las pesadillas atormentada.

Aun cuando mi cuerpo me impide
llorar mis horrores,
delante de un plato caliente
las lágrimas salen a montones.

Y no voy a ser yo quien detenga este torbellino
de sufrimiento y dolor
en el que sin querer me he metido
por escuchar aquella voz.

CAMA DE CLAVOS

Tus recuerdos me persiguen.
Buscan arrancar mi carne
fría, pálida, muerta.

Sueño contigo,
sueño con ellos.
En la noche fría y sudorosa
me despiertan los gritos de mi propio corazón.
La noche me desnuda
y estoy a tu merced
sin más protección
que mi propia piel maltrecha.

De repente, reaparecen
los moratones sobre mis piernas,
las quemaduras entre los empeines
y las rascadas en los codos.

Me hablan a mí de relaciones tóxicas,
si disfrutaba de cada uno de los dolores
que me provocabas.
Van a decirme «aléjate»
cuando, aunque viendo el huracán acercarse,

quedé amarrada a tus pies.
Gritan «huye»
ahora que el infierno ya ha pasado,
cuando en su día evitaron verme llorar sangre.

Y tus palabras candentes
se me han quedado marcadas en la espalda.

Intento huir
y las piernas me desfallecen.
Intento esconderme,
pero los gritos me delatan.
En medio de la noche
me encuentras a tus pies,
acurrucada.

UNA GUERRA PERDIDA

Los primeros acordes de aquella melodía
me transportan a la guerra,
y las primeras palabras que salen de su boca
evocan un antiguo dolor.

Escuchar aquella canción
es como regresar al campo de batalla,
donde las bombas eran gritos
y los compañeros, enemigos;
donde cada paso en falso
significaba otra noche llorando.

Escuchar su voz de nuevo
me aviva todos los recuerdos
y los dolores que mi cuerpo sufrió:
parece que ahora todo volvió.

MI «MEJOR» COMPAÑÍA

De rodillas sobre la taza del váter,
de pie frente al espejo,
sentada delante del plato…
Parece que ya no estoy sola.

Puedo sentir su sombra en mi cuello,
puedo ver su respiración sobre mi piel,
y ella puede conmigo
estar despierta hasta el amanecer.

DULCE NOCHE

Le pido a la noche eterna
que me lleve con ella.
Le pido a la luna
hacerle compañía,
y a las estrellas
que me acojan en su regazo
suave y tibio.

Le ruego a la dulce noche estrellada,
entre lágrimas y suspiros,
una oportunidad entre sus inmensos campos
y un lugar donde la vida deje de ser despiadada.

Le pido a la dulce noche estrellada
una lumbre donde secar
mi piel húmeda y helada
antes de que el frío me vuelva a hacer temblar.

Le ruego a la noche eterna
que me lleve con ella,
que se apiade de mi corazón,
porque la herida está haciendo mella
y no puedo sostener más esta quemazón.

Mentiras

Hoy me miró con horror
mi dulce madre asustada,
y salió de su boca con temor
un hilo de voz que dijo: «Estás muy delgada».

Una llama en mí encendió
colores ardientes en mi cara,
y realmente me dolió
que me mintiera allí parada.

Le grité mientras lloraba,
al tiempo que su rostro palidecía.
Ella, asustada y callada.
Dentro de ella algo se rompía.

EL FINAL DEL VÓRTICE

Sueño con las patatas fritas de mi abuela;
me salen mis recetas favoritas en redes sociales;
hasta el olor de las verduras cocidas
despierta los rugidos de mis tripas.

Tengo hambre,
pero no puedo comer.
Ya no.

UNA MANO FRÍA

CUATRO PAREDES BLANCAS

Una consulta silenciosa,
una cara extraña:
ojos, boca y nariz arrugadas;
mirada penetrante,
escrutadora.

No entiendo nada.
¿Dónde estoy? ¿Qué está pasando?
Una mano fría
y una mirada extraña,
penetrante, escrutadora.

Una consulta silenciosa,
una voz amable,
palabras desconocidas:
'anorexia', 'infrapeso', 'alexitimia'.

No entiendo nada.
Parece que espera una respuesta,
pero no brota de mi interior
más que un gemido de dolor.

Una consulta silenciosa:
tres sillas,
dos desconocidas
y una enfermedad.

La cara oculta de la luna

No es mentir por mentir.
No es ocultar por ocultar.
No es esconder.
No es disimular.

Palabras salen de mi boca,
palabras que no había pensado antes,
verdades que me acusan,
mentiras que se deshacen.

No es que quiera dejar de engañar,
pero los nervios me delatan;
la mirada vidriosa
y una sonrisa agrietada.

No es que mienta por mentir,
pero es necesario,
necesario para proteger,
para cuidar.

Para cuidar el recuerdo que tenías de mí,
para protegerte del dolor que rompe
todo lo que hay en mi interior.

Retratos vacíos

No saber.
No recordar.
Sentir.

Bailo por un salón vacío,
donde el rococó de las paredes ha desaparecido.
Bailo sobre un suelo desnudo,
las alfombras que lo caracterizaban
se las ha tragado el mundo.

Bailo en el interior de mi mente,
pero los recuerdos desaparecen lentamente;
cuadros blancos que antes vivos colores llenaban,
ahora un sordo rumor llena la sala.

Trato de recordar,
pero un ruido ensordecedor me desconcentra.
Trato de visualizar
y una espesa niebla me priva de la visión.
Quiero llegar al fondo del recuerdo,
pero cada vez que me acerco siento que muero.

QUERIDA TERAPEUTA

Tus ojos castaños,
tu mirada maternal.

Tus labios sonrientes,
tu voz cálida.

Tu cuerpo erguido,
tu postura cercana
que me da seguridad.

Mis ensoñaciones,
mis delirios
y, al final, nuestra cercanía
no son más que imaginaciones mías.

QUERIDA TERAPEUTA, TE NECESITO

Te adoro y me horrorizas lo más grande.
Tienes mi fragilidad entre tus manos,
se derrite entre tus dedos
y te gotea en los pies.

Protégeme, por favor.
Hazlo tú, que yo no puedo.
Acógeme en tus brazos
y asegúrame que vas a estar a mi lado.

Querida terapeuta, no me dejes morir

Tus palabras vacías
tus mentiras piadosas.
Dijiste que te importaba,
y ahora tus palabras pesan como losas.

Me miraste con tus grandes ojos,
me perdí en tu mirada,
que como siempre buscaba
una simpatía, esta vez evaporada.

Te necesitaba,
te buscaba,
te ansiaba,
pero, en vez de tus abrazos,
con un frío muro me encontraba.

Esta vez sola
y abandonada,
me sentía morir,
ya que tu aire me faltaba.

QUERIDA TERAPEUTA, TE ODIO

He buscado tus abrazos
en mil mares en los que me he ahogado.
He esperado tus promesas,
que el viento se ha llevado.

Creía en ti,
creía en tus palabras,
creía en tus miradas,
pero ahora sé que nada te importaba.

La sangre que he derramado por ti,
las lágrimas que han mojado el suelo
son las únicas que me van a acompañar
en este duelo.

Te creía una diosa,
un hogar, una de mis mariposas,
pero caíste del pedestal
por causarme todo este mal.

Tú me has metido en este hoyo,
y aunque nunca te lo llegué a decir,
lo siento, pero te odio.

36

El cuerpo es naturaleza

Mi cuerpo cambia,
como lo hace la luz a lo largo del día,
como varía el tiempo a lo largo de las estaciones,
como se convierten las nubes tras una tormenta.

El miedo florece,
como emergen las flores de mayo,
como aparecen mis pecas en verano.

No sé si podré parar
de comer y de engordar.

Solo quiero encontrar el límite,
el que mi cuerpo me permite.

Una batalla olvidada

Sentir su tacto,
sentir su piel;
un agradable deseo,
pero que lo echa todo a perder.

Volver al entonces,
regresar al cuando,
y cuanto más te adentras,
más perdido en el olvido te encuentras.

Volver a sentir
en otro paraje ahora,
en el que el peligro se ha marchado,
pero todas las pesadillas lo han evocado.

Y de verdad quiero salir
de mi mente equivocada
y ver la realidad
que en nada se parece a la comparada.

PERTENECERME

Que perturben tu intimidad,
que te desnuden con la mirada
y te destripen con sus palabras.

Perder la inocencia significa
darse cuenta de que, aunque no lo quieras,
perteneces a sus manos.
Ellos mandan,
ellos imaginan,
ellos eligen.
Tú solo eres un simple peón,
un objeto con el que jugar.

No hace falta que te toquen para usarte,
y tú lo sabes.
Sabes justo cuando los miras a los ojos
que ya te han hecho suya.
Aunque pases de largo y bajes la mirada,
ellos ya han hecho de ti lo que querían.

Nunca has sido tuya.
Desde bien pequeña
tus padres decían:

«Si un hombre desconocido
te ofrece caramelos en su coche,
tú no vayas».
Dejaste de serlo en cuanto empezaste
a tener miedo de ir sola por la calle,
de noche, a oscuras.

A oscuras veías sus ojos blancos
iluminar la calle.
El silencio, turbado por sus pasos
y el latido de tu corazón;
pum, pum, pum.
Tu respiración se agitaba
y empezabas a correr;
él gira la esquina, perdiéndote de vista.
«No ha sido él, pero quizás el siguiente»,
piensas en un falso alivio.

Y ese pensamiento no me deja dormir.
Yo quiero ser mía.

El legado de Pandora

Hoy veo la luz al final del túnel,
y no es que vaya a morir;
aquel pasaje ya lo he atravesado otras veces
y el muro con el que chocas es gris.

Hoy veo la luz al final del túnel,
lo último que Pandora dejó ir,
que me envuelve como el suave sol de Argel,
el mismo sol que hoy vuelve a salir.

PIEL CÁLIDA

Orgullosa estoy hoy
de aprender a vivir,
de poder decir que no morí en el intento,
de poder volver a sonreír.

Agradecida estoy
de quienes en mi camino me han ayudado,
de lo aprendido en el proceso
y de la lucha que mis padres no han abandonado.

Y resulta que la mano que me fue tendida,
la que me salvó la vida,
no era fría, sino mi piel herida.

ALCANZAR LA LUZ

BRILLANTE ATARDECER

Vi los ojos de mi padre brillar de alegría.
Divisé una tímida sonrisa en su rostro
que iluminó el decadente día
y me cuestioné para mis adentros:

«¿Qué le hace feliz, si yo solo le he dicho
que tengo hambre?».

MARIPOSAS

Tus alas me abrigan en la fría noche,
me dan el calor que alguna vez me ha faltado.
Tus alas me acarician la carita
y dejan un leve brillo en las mejillas.

Tu nombre me calma,
me regula, me tranquiliza.
Tu nombre resuena en mi mente
como la dulce melodía de una nana.

Como cada día,
pensando en ti,
por ti,
para ti.

Me atraviesas la piel
con tus suaves caricias.
Penetras en mi alma
y me transmites tu calma.

Y a cada paso que doy,
por el camino mojado,
al mirar atrás,
veo tu rostro asombrado.

Y me doy cuenta entonces
de lo lejos que he llegado
bajo la sombra de tu confianza
y el calor de tus abrazos.

Reflejos del pasado

Llegó a mi recuerdo una foto.
Me sorprendió ver los huesos de las clavículas,
la sonrisa cadavérica
y las cuencas de los ojos vacías.

No estaban vacíos los ojos,
pero no pude encontrar la mirada;
estaba perdida en una cabeza casi calva.

Y no me refiero a una calvicie física,
sino a una cabeza vacía y entumecida
por el dolor de los pensamientos macizos.

Los mismos que volvieron aquella tarde de junio.
Los que me decían que debía volver
a ese estado agonizante.

Y fue esa sensación
a la que volví por unos segundos,
para darme cuenta
de que nunca más experimentaría.

Y orgullosa estoy ahora
de superar esa sensación,
que pensaba que me daba vida,
pero, en realidad, me la quitaría.

Querido TCA

No quiero tenerte cerca nunca más.
No quiero verte.
No quiero recordarte.
Pero tampoco quiero odiarte,
ni sentir el rencor que a veces me provocas.

No vas a pararme;
ya lo has hecho durante mucho tiempo,
romperme.
Entre tus brazos aniquilarme,
a mí y a los míos.
Me has hecho sangrar el cuerpo,
y a ellos, el alma.
Gotas rojas que manchan el suelo,
manchas que persistirán en su memoria.

Ya no soy la chica frágil a la que conociste.
Ya no me rompo.
Ya no me rindo.
Estoy aquí para cambiar las reglas del juego,
saltar la valla,
cruzar fronteras
y destrozarte.
Acabar contigo.

RECAÍDAS

CAER

Caer. Caer dentro del pozo. Y cuando parece que ves la luz, resbalas y acabas dentro otra vez.

Otra vez ves tus lágrimas caer por tus mejillas y te miras al espejo sin reconocerte, sin sentir ya el dolor del pecho. Solo sientes el de las muñecas. Las muñecas que revelan lo que la falsa sonrisa oculta; revelan, no el dolor, sino la rabia, el odio que te tienes y que te has tenido siempre.

Siempre. «¿Siempre serás así?», te preguntas en medio de la resignación, pero sabes que, al final, no puedes hacer nada.

Nada. Nada significan ya los progresos, todo es cuestión de tiempo.

Y tiempo. El tiempo lo marcan tus subidas y bajadas, esos pequeños instantes en los que te sientes viva, aunque no sin la amargura de que vas a volver a caer. Caer dentro del pozo otra vez.

ENEMIGAS

Empiezo a controlar lo que como otra vez.
No odio mi cuerpo,
no es eso lo que activa el tic nervioso
del párpado derecho.

El problema:
mis emociones.
Se me escapan de las manos.

Una rabia ardiente
que no sé cómo expresar,
que me quema la garganta.

Una tristeza profunda
que me hunde bajo las sábanas,
temblando.

Una ansiedad paralizante
que me cierra los pulmones
y me encoje hasta reducirme
al tamaño de una polilla.

Y una euforia desbordante,
desagradable, impulsiva,
que corre por mis venas,
a la vez que me aparta de la realidad

No es la comida lo que me asusta.
Son ellas,
poderosas, fuertes, cambiantes.
Llegan antes que yo a los sitios,
lo destrozan todo a su paso,
mientras me atan de manos y pies,
y me obligan a mirar.

LLUEVE FUERA

Dentro del templo
busco la calma,
cuando la lluvia
mancha su fachada.

Como los pasos silenciosos de un gato,
empiezan las gotas a caer.
La lluvia tamborilea al son
de los latidos de la tierra,
y pronto los cascos de un centenar de caballos
sustituyen la calma allende del templo.

Refugiada dentro,
siento al viento pasar,
agitar los mechones sueltos de la coleta
y los faldones del vestido agitar.

Truenos y relámpagos
protagonizan ahora la escena,
donde la calma parece que nunca existió.

Me llama el exterior.
Me atraen las gotas sobre mi piel,
pero sé que en la lumbre de hogar,
sana y salva, es donde debo estar.

Y el templo que me protege
no es más que mi sagrado cuerpo,
y la tormenta que acontece
son mis terribles pensamientos.

Mariposas 2.0

Come bien.
Hidrata tu piel.
Cuídala.
Cuídate.

No dejes que los pensamientos te coman.
No dejes que tus brazos se llenen de heridas.
Por favor, mantente limpia.
Por favor, saca tu mejor sonrisa.

Sécate las lágrimas,
que de tanto llorar
tus ojos van a perder su color.
No dejes que nada te atraviese;
deja que las mariposas
te protejan del dolor.

Índice